AF198798

Bestattungsgesetz Rheinland-Pfalz

Gesetz über das Friedhofs- und Bestattungswesen im Land Rheinland-Pfalz

Sebastian Andreas Götz

Bestattungsgesetz Rheinland-Pfalz

Aktuelle Fassung vom 19. Dezember 2014

Bibliografische Information der Deutschen Nationalbibliothek: Die Deutsche Nationalbibliothek verzeichnet diese Publikation in der Deutschen Nationalbibliografie; detaillierte bibliografische Daten sind im Internet über http://dnb.dnb.de abrufbar.

Herstellung und Verlag: BoD – Books on Demand, Norderstedt

ISBN: 978-3-7460-24097

Inhaltsverzeichnis

Erster Abschnitt – Friedhofswesen 2
§1 Bestattungsplätze 2
§2 Gemeindefriedhöfe 3
§3 Kirchliche Bestattungsplätze 4
§4 Anstaltsfriedhöfe und private Bestattungsplätze 4
§5 Ruhezeit 5
§6 Benutzungsordnung 5
§7 Schließung und Aufhebung von Bestattungsplätzen 6
Zweiter Abschnitt – Bestattungswesen 7
§8 Bestattung 7
§9 Verantwortlichkeit 9
§10 Benachrichtigungspflicht 10
§11 Leichenschau und Totenscheine 11
§12 Auskunftspflicht 12
§13 Einsargung 13
§14 Überführung 13
§15 Warte- und Bestattungsfrist 14
§16 Einäscherung und Einäscherungsanlagen 15
§17 Ausgrabung, Umbettung 15
§18 Leichenbesorger, Totengräber 16
Dritter Abschnitt – Ordnungswidrigkeiten,
Ermächtigungen und Schlussbestimmungen 17
§19 Ordnungswidrigkeiten 17
§20 Ermächtigungen 18
§21* In-Kraft-Treten 20
Persönliche Notizen 21

Erster Abschnitt – Friedhofswesen

§1 Bestattungsplätze

(1) Bestattungsplätze sind:

1. Gemeindefriedhöfe,

2. kirchliche Friedhöfe und Grabstätten in Kirchen,

3. Anstaltsfriedhöfe,

4. private Bestattungsplätze.

(2) Bestattungsplätze sind so anzulegen und zu gestalten, dass die Totenruhe gewährleistet und das Wohl der Allgemeinheit nicht beeinträchtigt wird.

(3) Die Anlage und die Erweiterung eines Bestattungsplatzes sowie die Wiederbelegung eines geschlossenen Bestattungsplatzes bedürfen einer schriftlichen Genehmigung der Kreisverwaltung, in kreisfreien Städten der Stadtverwaltung; die Landkreise und die kreisfreien Städte nehmen diese und die weiteren der Genehmigungsbehörde nach diesem Gesetz übertragenen Aufgaben als Auftragsangelegenheit wahr. Für Gemeindefriedhöfe kreisfreier Städte wird die Genehmigung von der Aufsichts- und Dienstleistungsdirektion erteilt.

§2 Gemeindefriedhöfe

(1) Den Gemeinden obliegt es als Pflichtaufgabe der Selbstver-
waltung, Friedhöfe anzulegen und Leichenhallen zu errichten,
wenn hierfür ein öffentliches Bedürfnis besteht.

(2) Auf Gemeindefriedhöfen ist die Bestattung verstorbener
Gemeindeeinwohner zuzulassen. Die Bestattung einer anderen in der Gemeinde verstorbenen oder tot aufgefundenen
Person ist zuzulassen, wenn diese keinen festen Wohnsitz
hatte, ihr Wohnsitz unbekannt war oder ihre Überführung an
den Wohnsitz unverhältnismäßig hohe Kosten verursachen
würde. Die Gemeinde, in der eine Person verstorben oder tot
aufgefunden worden ist, hat eine Bestattung auch aus Gründen der öffentlichen Sicherheit oder Ordnung zu dulden.

(3) Auf Gemeindefriedhöfen sind grundsätzlich Reihengräber
zur Verfügung zu stellen; das Nähere regeln die Friedhofsträ-
ger durch Satzung.

(4) Die Gemeinden können die Aufgaben nach Absatz 1 durch
öffentlich-rechtlichen Vertrag den Trägern kirchlicher Friedhöfe übertragen, wenn diese die Pflichten nach den Absätzen
2 und 3 übernehmen. Die Bestattung Andersgläubiger muss
nach den für sie üblichen Formen und ohne räumliche Abson-
derung möglich sein. Bestattungs- und Totengedenkfeiern und
die Gestaltung der Grabstätten dürfen das religiöse Empfinden
der Kirche oder Religionsgemeinschaft nicht verletzen.

§3 Kirchliche Bestattungsplätze

(1) Kirchen, Kirchengemeinden und Kirchengemeindeverbände sowie andere Religionsgemeinschaften und Weltanschauungsgesellschaften, die Körperschaften des öffentlichen Rechts sind, können eigene Friedhöfe anlegen, erweitern und wieder belegen sowie Leichenhallen errichten.

(2) Grabstätten in Kirchen der in Absatz 1 genannten Körperschaften sind als Bestattungsplätze zu genehmigen, wenn keine gesundheitlichen Gefahren bestehen.

§4 Anstaltsfriedhöfe und private Bestattungsplätze

(1) Anstaltsfriedhöfe und private Bestattungsplätze können nur angelegt, erweitert oder wieder belegt werden, wenn

1. ein berechtigtes Bedürfnis oder Interesse besteht

und

2. öffentliche Interessen oder schutzwürdige Belange Dritter nicht beeinträchtigt werden.

(2) Jede Bestattung auf einem privaten Bestattungsplatz bedarf unbeschadet des § 8 Abs. 6 einer schriftlichen Genehmigung durch die Genehmigungsbehörde.

(3) Die Veräußerung von Grundstücken, auf denen sich Anstaltsfriedhöfe oder private Bestattungsplätze befinden, ist der nach Absatz 2 zuständigen Behörde anzuzeigen.

§5 Ruhezeit

(1) Für einen Bestattungsplatz oder Teile eines Bestattungsplatzes wird mit der Genehmigung nach § 1 Abs. 3 festgelegt, wie lange Grabstätten nicht erneut belegt werden dürfen.

(2) Für Grabstätten auf Gemeindefriedhöfen wird nach Maßgabe der Friedhofsordnung (§ 6 Abs. 1 Satz 1) ein öffentlich-rechtliches Nutzungsrecht mindestens für die Dauer der Ruhezeit nach Absatz 1 eingeräumt.

§6 Benutzungsordnung

(1) Die Gemeinden regeln die Benutzung von Gemeindefriedhöfen, Leichenhallen und Einäscherungsanlagen sowie die Gestaltung von Grabstätten durch Satzung. Soweit einer sonstigen kommunalen Gebietskörperschaft oder einem Zweckverband eine Genehmigung zur Errichtung oder zum Betrieb einer Einäscherungsanlage nach § 16 Abs. 3 erteilt ist, erlässt der Inhaber der Genehmigung die Satzung.

(2) Den Kirchen, Religions- und Weltanschauungsgemeinschaften steht es frei, bei Bestattungen und Totengedenkfeiern entsprechend ihren Ordnungen und Bräuchen zu verfahren. Im Übrigen bedürfen Feiern einer Genehmigung des Friedhofsträgers.

§7 Schließung und Aufhebung von Bestattungsplätzen

(1) Bestattungsplätze und Teile von Bestattungsplätzen können für weitere Erdbestattungen und Beisetzungen der Asche Verstorbener gesperrt (Schließung) oder anderen Zwecken gewidmet werden (Aufhebung). Schließung und Aufhebung von Gemeindefriedhöfen sind öffentlich bekannt zu machen.

(2) Die Schließung ist der Genehmigungsbehörde anzuzeigen. Bei kirchlichen Friedhöfen und Anstaltsfriedhöfen ist die Gemeinde von der beabsichtigten Schließung zu unterrichten.

(3) Bestattungsplätze und Teile von Bestattungsplätzen dürfen nach ihrer Schließung frühestens mit Ablauf sämtlicher Ruhezeiten aufgehoben werden. Die Aufhebung bedarf einer schriftlichen Genehmigung durch die Genehmigungsbehörde. Wenn an einer Nutzung des Bestattungsplatzes zu anderen Zwecken ein zwingendes öffentliches Interesse besteht, kann die Genehmigung auch vor Ablauf der Ruhezeiten erteilt werden.

(4) Die Genehmigungsbehörde kann die Schließung oder Aufhebung eines Bestattungsplatzes oder von Teilen eines Bestattungsplatzes auch vor Ablauf der Ruhezeiten nach Anhörung des Trägers und der Gemeinde anordnen, wenn ein zwingendes öffentliches Interesse besteht.

(5) Bei der Aufhebung eines Bestattungsplatzes müssen die Leichen und die Asche Verstorbener, deren Ruhezeit noch nicht abgelaufen ist, umgebettet werden. Auf Antrag muss die Umbettung auch nach Ablauf der Ruhezeit erfolgen, wenn das Nutzungsrecht an einer Grabstätte zum Zeitpunkt der Aufhebung noch besteht. Für weitere Ansprüche des Nutzungsberechtigten gilt das Landesenteignungsgesetz.

Zweiter Abschnitt – Bestattungswesen

§8 Bestattung

(1) Die Würde des Toten und das sittliche Empfinden der Allgemeinheit sind zu achten.

(2) Jede Leiche muss bestattet werden. Auf ein tot geborenes oder in der Geburt verstorbenes Kind finden die Bestimmungen dieses Gesetzes entsprechende Anwendung, wenn das Gewicht des Kindes mindestens 500 Gramm beträgt. Beträgt das Gewicht weniger als 500 Gramm (Fehlgeburt), so ist eine Bestattung zu genehmigen, wenn ein Elternteil dies beantragt. Ist die Geburt in einer medizinischen Einrichtung oder in Gegenwart eines Arztes erfolgt, hat die medizinische Einrichtung oder der Arzt sicherzustellen, dass auf diese Bestattungsmöglichkeit hingewiesen wird. Wird kein Antrag nach Satz 3 gestellt, hat die medizinische Einrichtung oder der Arzt sicherzustellen, dass Fehlgeburten unter würdigen Bedingungen gesammelt und bestattet werden; der Bestattungsort wird dokumentiert.

(3) Für aus Schwangerschaftsabbrüchen stammende Leibesfrüchte gilt Absatz 2 Satz 3 und 5 entsprechend, allerdings mit der Maßgabe, dass eine individuelle Bestattung nach Absatz 2 Satz 3 nur mit Einwilligung der Frau erfolgen kann.

(4) Für Ort, Art und Durchführung der Bestattung ist der Wille des Verstorbenen maßgebend, soweit gesetzliche Bestimmungen oder zwingende öffentliche Belange nicht entgegenstehen. Bei Verstorbenen, die geschäftsunfähig waren oder das 14. Lebensjahr nicht vollendet hatten oder deren Wille nicht bekannt ist, ist der Wille der nach § 9 Abs. 1 Satz 2 Verantwortlichen maßgebend.

(5) Die Bestattung kann als Erd- oder Feuerbestattung vorgenommen werden. Erdbestattung ist die Bestattung einer Leiche in einem Sarg in einer Grabstätte. Feuerbestattung ist die Einäscherung einer Leiche und die Beisetzung der Asche in einer Grabstätte. Der Träger des Bestattungsplatzes kann auch eine Erdbestattung oder eine Beisetzung der Asche in ober- oder unterirdischen Grabkammern, Totenhäusern, Grüften, Urnenwänden oder ähnlichen Einrichtungen vorsehen.

(6) Eine Bestattung bedarf der schriftlichen Genehmigung durch die örtliche Ordnungsbehörde des Bestattungsortes. Für die Feuerbestattung ist das Benehmen mit der örtlichen Ordnungsbehörde des Einäscherungsortes herzustellen; darüber hinaus ist durch eine besondere amtliche Leichenschau, die bei ungeklärter Todesart auch die innere Leichenschau umfasst, festzustellen, dass keine Bedenken gegen die Einäscherung bestehen.

§9 Verantwortlichkeit

(1) Für die Erfüllung der aufgrund dieses Gesetzes bestehenden Verpflichtungen ist der Erbe verantwortlich. Soweit ein Erbe nicht rechtzeitig zu ermitteln ist oder aus anderen Gründen nicht oder nicht rechtzeitig in Anspruch genommen werden kann, sind die folgenden Personen in der angegebenen Reihenfolge verantwortlich, sofern sie voll geschäftsfähig sind:

1. der Ehegatte oder Lebenspartner,

2. die Kinder,

3. die Eltern,

4. der sonstige Sorgeberechtigte,

5. die Geschwister,

6. die Großeltern,

7. die Enkelkinder.

Abweichende Verantwortlichkeiten nach diesem Gesetz bleiben unberührt.

(2) Ein Bestattungsunternehmer oder ein Dritter ist im Rahmen übernommener Verpflichtungen verantwortlich.

(3) Die Verantwortlichkeiten nach dem Polizei- und Ordnungsbehördengesetz bleiben unberührt.

§10 Benachrichtigungspflicht

Wer einen Toten auffindet oder beim Eintritt des Todes anwesend ist, hat unverzüglich eine der in § 9 Abs. 1 genannten Personen oder die Polizei zu benachrichtigen. Vom Auffinden von Körperteilen ist die Polizei unverzüglich zu unterrichten.

§11 Leichenschau und Totenscheine

(1) Tod, Todeszeitpunkt, Todesart und Todesursache werden von einem Arzt festgestellt (Leichenschau).

(2) Jeder erreichbare niedergelassene Arzt ist verpflichtet, die Leichenschau unverzüglich vorzunehmen sowie die Todesbescheinigung auszustellen und auszuhändigen. Dasselbe gilt für Ärzte von Krankenhäusern und vergleichbaren Einrichtungen für die dort Verstorbenen. Erfolgt die Feststellung des Todes durch einen Arzt während eines Einsatzes im Rettungsdienst oder im Notfalldienst, so ist dieser nur zur Ausstellung und Aushändigung einer vorläufigen Todesbescheinigung verpflichtet.

(3) Bestehen Anhaltspunkte für einen nicht natürlichen Tod, hat der Arzt sofort die Polizei zu verständigen. Er soll dafür sorgen, dass an der Leiche und deren Umgebung bis zum Eintreffen der Polizei keine Veränderungen vorgenommen werden.

(4) Der Verantwortliche (§ 9 Abs. 1 und 2) hat die Leichenschau unverzüglich zu veranlassen; dies gilt auch dann, wenn eine vorläufige Todesbescheinigung ausgestellt worden ist. Tritt der Tod in einem Betrieb, einem Heim, einer Schule, einer Anstalt, einem Krankenhaus oder einer vergleichbaren Einrichtung ein, veranlasst der Leiter oder Inhaber dieser Einrichtung die Leichenschau.

(5) Totenscheine sind:

1. die vorläufige Todesbescheinigung,

2. die Todesbescheinigung mit einem vertraulichen
und einem nicht vertraulichen Teil,

3. der Obduktionsschein.

Für jede Leiche wird eine Todesbescheinigung mit einem vertraulichen und einem nicht vertraulichen Teil ausgestellt. Ist
eine innere Leichenschau durchgeführt worden, wird auch ein
Obduktionsschein ausgestellt. Bei einer Fehlgeburt werden
keine Totenscheine ausgestellt.

§12 Auskunftspflicht

Ärzte und andere Personen, die den Verstorbenen vor seinem
Tode behandelt oder gepflegt haben, sowie die in § 9 Abs. 1
genannten Personen sind gegenüber dem Arzt, der die Leichenschau vornimmt, zur Auskunft über die Todesumstände
und die Erkrankung verpflichtet. Sie können die Auskunft ver-
weigern, soweit sie dadurch sich selbst oder einen Angehöri-
gen, zu dessen Gunsten ihnen wegen familienrechtlicher Be-
ziehungen im Strafverfahren ein Zeugnisverweigerungsrecht
zusteht, der Gefahr aussetzen würden, wegen einer Straftat o-
der einer Ordnungswidrigkeit verfolgt zu werden.

§13 Einsargung

(1) Leichen sind nach Abschluss der Leichenschau unverzüglich einzusargen. Während der Überführung und während der Bestattungsfeier sowie außerhalb von Leichenhallen ist der Sarg geschlossen zu halten. Die örtliche Ordnungsbehörde kann Ausnahmen zulassen.

(2) Hat der Verstorbene bei Eintritt des Todes an einer nach seuchenrechtlichen Bestimmungen meldepflichtigen Krankheit gelitten oder besteht ein solcher Verdacht und kann von der Leiche eine Ansteckung ausgehen, ist sie unbeschadet anderer Rechtsvorschriften unverzüglich zu desinfizieren und einzusargen; der Sarg ist sofort zu schließen. Er darf ohne schriftliche Genehmigung der örtlichen Ordnungsbehörde nicht wieder geöffnet werden.

§14 Überführung

(1) Eine Leiche ist nach Ausstellung der Todesbescheinigung in eine Leichenhalle zu überführen, sofern nicht eine Überführung in eine andere Einrichtung zur Durchführung einer richterlichen oder staatsanwaltschaftlichen Leichenschau, ärztlicher Maßnahmen oder wissenschaftlicher Untersuchungen erfolgt. Im Falle des § 11 Abs. 2 Satz 3 darf die Überführung nach Ausstellung einer vorläufigen Todesbescheinigung vorgenommen werden. Die Überführung muss spätestens 36 Stunden nach Eintritt des Todes beginnen.

(2) Zur Überführung von Leichen im Straßenverkehr dürfen nur hierfür besonders ausgestattete Leichenfahrzeuge verwendet werden.

(3) Die örtliche Ordnungsbehörde kann Ausnahmen von den Verpflichtungen nach den Absätzen 1 und 2 zulassen, wenn

gesundheitliche Gefahren nicht zu befürchten sind und eine würdige Überführung gesichert ist.

(4) Für Leichen, die in Orte außerhalb der Bundesrepublik Deutschland überführt werden sollen, stellt die örtliche Ordnungsbehörde des Sterbeortes einen Leichenpass aus. Bei Überführungen innerhalb der Bundesrepublik Deutschland ist ein Leichenpass auszustellen, wenn dies durch Rechtsvorschrift vorgeschrieben ist.

§15 Warte- und Bestattungsfrist

(1) Eine Leiche darf frühestens 48 Stunden nach Eintritt des Todes bestattet werden. Die Erdbestattung oder Einäscherung muss innerhalb von sieben Tagen nach Eintritt des Todes erfolgen.

(2) Die örtliche Ordnungsbehörde des Bestattungsortes kann die Bestattung vor Ablauf der in Absatz 1 Satz 1 bestimmten Frist anordnen, wenn gesundheitliche Gefahren zu befürchten sind; die Frist nach Absatz 1 Satz 2 kann verlängert werden, wenn gesundheitliche und hygienische Bedenken nicht bestehen.

§16 Einäscherung und Einäscherungsanlagen

(1) Leichen dürfen nur in Einäscherungsanlagen eingeäschert werden, deren Betrieb nach Absatz 2 genehmigt ist. Einäscherungen haben in einem hierfür geeigneten Sarg zu erfolgen.

(2) Einäscherungsanlagen dürfen nur mit schriftlicher Genehmigung der Aufsichts- und Dienstleistungsdirektion errichtet, wesentlich verändert und betrieben werden. Die Genehmigung wird unbeschadet anderer Rechtsvorschriften erteilt, wenn die anerkannten Regeln der Technik und die Bestimmungen dieses Gesetzes beachtet sind. Einäscherungsanlagen müssen über Leichenhallen verfügen.

(3) Die Genehmigung wird nur einer Gemeinde, einer sonstigen kommunalen Gebietskörperschaft oder einem von ihnen gebildeten Zweckverband erteilt. Mit Genehmigung der Aufsichts- und Dienstleistungsdirektion können sowohl die Errichtung als auch der Betrieb einer Einäscherungsanlage einem rechtsfähigen Feuerbestattungsverein übertragen werden; § 6 Abs. 1 bleibt unberührt.

§17 Ausgrabung, Umbettung

Die Ausgrabung oder die Umbettung einer Leiche oder der Asche eines Verstorbenen ist nur mit schriftlicher Genehmigung der örtlichen Ordnungsbehörde zulässig. Dem Antrag auf Erteilung der Genehmigung zur Umbettung ist der Nachweis einer anderen Grabstätte beizufügen.

§18 Leichenbesorger, Totengräber

Wer beruflich die Reinigung, Ankleidung und Einsargung von Leichen vornimmt (Leichenbesorger) oder die Tätigkeit eines Totengräbers ausübt, darf nicht in einem Beruf des Gesundheitswesens oder im Nahrungsmittel-, Genussmittel-, Gaststätten- oder Friseurgewerbe tätig sein oder beschäftigt werden.

Dritter Abschnitt – Ordnungswidrigkeiten, Ermächtigungen und Schlussbestimmungen

§19 Ordnungswidrigkeiten

(1) Ordnungswidrig handelt, wer vorsätzlich oder fahrlässig

1. entgegen § 1 Abs. 3 Bestattungsplätze ohne Genehmigung anlegt, erweitert oder wieder belegt,

2. entgegen § 4 Abs. 2 eine Leiche ohne Genehmigung auf einem privaten Bestattungsplatz bestattet,

3. entgegen § 8 Abs. 2 eine Leiche nicht bestattet oder als verantwortliche Person (§ 9) nicht bestatten lässt,

4. entgegen § 8 Abs. 5 oder 6 eine Leiche nicht ordnungsgemäß bestattet oder als verantwortliche Person bestatten lässt,

5. entgegen § 11 Abs. 2 die Leichenschau nicht unverzüglich vornimmt oder die Totenscheine nicht ausstellt oder aushändigt,

6. entgegen § 11 Abs. 4 die Leichenschau nicht unverzüglich veranlasst,

7. entgegen § 11 Abs. 5 Satz 3 den Obduktionsschein nicht ausstellt,

8. entgegen § 18 in einem Beruf des Gesundheitswesens oder im Nahrungsmittel-, Genussmittel-, Gaststätten- oder Friseurgewerbe tätig ist oder Personen in einem derartigen Beruf oder Gewerbe beschäftigt.

(2) Ordnungswidrig handelt auch, wer vorsätzlich oder fahrlässig einer aufgrund des § 20 Abs. 1 dieses Gesetzes erlassenen Rechtsverordnung zuwider handelt, soweit die Rechtsverordnung für einen bestimmten Tatbestand auf diese Bußgeldbestimmung verweist.

(3) Die Ordnungswidrigkeit kann mit einer Geldbuße, im Falle des Absatzes 1 Nr. 2 bis zu eintausend Euro, geahndet werden.

(4) Zuständige Verwaltungsbehörde im Sinne des § 36 Abs. 1 Nr. 1 des Gesetzes über Ordnungswidrigkeiten ist

    1. in den Fällen des Absatzes 1 Nr. 1 und 2 die Genehmigungsbehörde,

    2. im Übrigen die örtliche Ordnungsbehörde.

§20 Ermächtigungen

(1) Das fachlich zuständige Ministerium wird ermächtigt, im Benehmen mit dem für das Kommunalrecht zuständigen Ministerium durch Rechtsverordnung

    1. Anforderungen an Bestattungsplätze (§ 1 Abs. 2) und Leichenhallen (§ 2 Abs. 1) festzulegen,

    2. die Mindestruhezeit für Verstorbene zu bestimmen,

    3. Anforderungen an die Durchführung der Leichenschau (§ 11 Abs. 1), Inhalt, Form, Aufbewahrung und Abgabe der Totenscheine (§ 11 Abs. 5) festzulegen und zu bestimmen, welchen Behörden diese vorzulegen sind und welchen Personen und Stellen Einsicht in sie gewährt oder Auskünfte daraus erteilt werden kann,

4. Anforderungen an die Beschaffenheit von Särgen und die Einsargung (§ 13) festzulegen,

5. Anforderungen an Leichenfahrzeuge festzulegen sowie zu bestimmen, welche Unterlagen bei der Überführung nach § 14 mitzuführen sind,

6. Inhalt und Form des Leichenpasses (§ 14 Abs. 4) festzulegen und zu bestimmen, welche Nachweise dem Antrag auf Ausstellung beizufügen sind,

7. das Genehmigungsverfahren für Bestattungen (§ 8 Abs. 6) festzulegen,

8. zu bestimmen, welche Nachweise und Verzeichnisse die Träger von Einäscherungsanlagen zu führen haben sowie die Aufbewahrungsfristen für die Totenscheine (§ 11 Abs. 5), die Bestattungsgenehmigung (§ 8 Abs. 6) und die Verzeichnisse festzulegen,

9. das Verfahren bei der Feuerbestattung (§ 8 Abs. 5, § 16), insbesondere die Beschaffenheit der Särge und der Urnen zu bestimmen.

(2) Die zur Durchführung dieses Gesetzes erforderlichen Verwaltungsvorschriften erlässt das fachlich zuständige Ministerium.

§21* In-Kraft-Treten

(1) Dieses Gesetz tritt mit Ausnahme des § 20 am 1. Juli 1983 in Kraft. § 20 tritt am Tage nach der Verkündung in Kraft.

(2) (Aufhebungsbestimmung)

* Abs. 1 Satz 2: Verkündet am 15. 3. 1983

Persönliche Notizen